Enquête Capitale

Marine Decourtis

CD audio

Durée : 1 h 53

Format MP3 : Les MP3 s'écoutent sur ordinateur, baladeurs, autoradios, lecteurs CD et DVD fabriqués depuis 2004.

Enregistrements : LBP Studio, Malek Duchesne

Comédienne : Isabelle Miller

Maquette de couverture : Nicolas Piroux

Photo de couverture : Nicolas Piroux

Maquette intérieure : Sophie Fournier-Villiot (Amarante)

Illustrations : Nikita

Mise en pages : Médiamax

Correction typographique : Chantal Maury

Rédaction du dossier pédagogique : Yann Carmona

ISBN : 978-2-01-155737-7

SOMMAIRE

Prologue

IVANA

Chaque soir, quand la nuit tombe, Rachel devient Ivana, une dangereuse espionne[1] capable de relever[2] tous les défis[3]. Le jour, Rachel est une femme ordinaire, une femme comme vous et moi. Une femme qui travaille comme secrétaire dans une importante maison d'édition.

Rachel adore les livres. Les livres qui parlent d'enquêtes[4] et de mystères[5]. Rachel lit beaucoup. À trente ans, elle est toujours célibataire. Elle habite seule dans un appartement, rue Lepic, dans le 18e arrondissement de Paris. Un appartement au pied de[6] l'église du Sacré-Cœur, sur la butte Montmartre. Rachel vit seule, mais elle a beaucoup d'amis sur Internet. Ces amis sont les lecteurs qui attendent la nuit pour lire les aventures de la dangereuse Ivana.

Ivana est une espionne virtuelle[7]. Rachel a choisi ce nom pour animer son blog et inventer des histoires de crimes, de secrets et de trahisons au gré de son humeur[8]. Rachel rêve d'être Martha Grimes ou Patricia Cornwell. Elle s'évade[9] de sa petite vie tranquille pour devenir une dangereuse espionne. Elle raconte les aventures de son héroïne et déborde d'imagination pour le bonheur de ses lecteurs.

Oui, mais voilà : on ne joue pas avec le feu sans se brûler les doigts. Ce soir-là, Rachel est sur le point de[10] devenir Ivana, le temps d'une nuit, quand un étrange[11] message s'affiche sur son écran. Un message Top Secret. Rachel clique. Une vidéo apparaît. Le visage masqué, la voix déformée, un mystérieux correspondant[12] lui lance un défi.

---

1 Une espionne : une personne qui travaille pour la police secrète.
2 Relever : accepter.
3 Un défi : une action difficile à accomplir.
4 Des enquêtes : des recherches faites par la police.
5 Un mystère : une énigme, quelque chose d'inexplicable.
6 Au pied de : devant.
7 Virtuelle : qui n'existe pas dans la réalité.
8 Une humeur : un état d'esprit.
9 S'évader : s'échapper volontairement à une réalité.
10 Déborder d'imagination : avoir beaucoup d'imagination.
11 Être sur le point de : être prêt à.
12 Étrange : quelque chose d'inhabituel.

Bonsoir, chère Ivana. J'adore vos aventures, mais ne pensez-vous pas le temps venu pour tester vos talents d'enquêtrice dans la vie réelle ? En haut des 1662 marches, quelqu'un vous attend pour vous donner un deuxième indice. Rendez-vous demain, à midi pile, chère Ivana. Vous n'aurez pas une minute de plus.

Le visage du mystérieux correspondant disparaît aussitôt[13] de l'écran. Rachel reste sans voix.

Que signifie ce message ? On se moque d'elle ?

Très bien, on se moque d'elle, mais on ne se moque pas d'Ivana.

– 1662 marches, deuxième indice, midi pile, murmure Rachel.

Midi pile : aucun problème. Elle fait une pause au travail tous les jours à midi. Deuxième indice : cela signifie qu'il y a un premier indice dans le message de son mystérieux correspondant... Lequel ? 1662 marches : seule une tour compte autant de marches. Une tour qui mesure au moins trois cents mètres. Une tour située à Paris pour lui laisser le temps de s'y rendre pendant sa pause déjeuner.

Rachel consulte[14] les sites Internet de la tour Montparnasse et celles du quartier de la Défense. La tour Montparnasse est la plus haute, mais elle mesure 210 mètres : ce n'est pas assez haut pour compter 1662 marches. Rachel pense alors aux deux tours de l'église Notre-Dame, située au cœur de la capitale[15], mais elles ne dépassent pas 70 mètres. Que faire ? Comment trouver avant demain midi ?

Épuisée, Rachel décide de se coucher. Une bonne douche et une nuit de sommeil, rien de tel pour avoir les idées claires.

– La tour Eiffel ! murmure brusquement Rachel, en voyant la pointe illuminée[16] du monument[17] à travers la petite fenêtre de sa salle de bains. Pourquoi je n'ai pas pensé à elle plus tôt ?

Elle s'enveloppe dans une serviette de bain et consulte le site Internet du plus célèbre monument[18] de la capitale.

Hauteur : 324 mètres.

Poids : 10 100 tonnes.

Nombre de marches : 1662.

– Bingo ! s'écrie-t-elle. On ne se moque pas d'Ivana comme ça !

Satisfaite, Rachel se glisse sous les draps et pense déjà à sa journée du lendemain.

---

13 Un correspondant : une personne avec qui on communique.
14 Aussitôt : immédiatement, tout de suite.
15 Consulter : regarder quelque chose pour trouver une réponse.
16 Une capitale : la ville principale d'un pays.
17 Illuminée : couverte de lumière.
18 Un monument : un ouvrage d'architecture.

CHAPITRE 1

La clé

— Onze heures ! C'est un peu tôt pour une pause déjeuner ! s'étonne l'éditeur en chef.

– J'ai pris la liberté de déjeuner plus tôt à cause de ma mère, ment Rachel. Je serais de retour à 13 h 00.

– Tout va bien ?

– Oui, pourquoi ?

– Vous avez l'air soucieux[1], dit l'éditeur.

– Non, non, tout va bien, répond Rachel.

Elle fait un pas vers l'ascenseur. Le téléphone sonne. « Maudit téléphone, se dit-elle. Je vais être en retard. » Elle fait demi-tour pour décrocher.

– Ne vous en faites pas, dit l'éditeur. Je réponds.

Rachel le remercie avec un grand sourire et disparaît dans l'ascenseur.

La journée est ensoleillée[2], comme l'humeur de Rachel. Son mystérieux correspondant peut bien se moquer d'elle, aujourd'hui elle se sent capable de relever tous les défis. L'idée d'être, enfin, la vraie Ivana lui donne de l'assurance[3].

Rachel travaille dans le 6e arrondissement, à Saint-Germain-des-Prés. Un quartier qu'elle aime pour son univers d'intellectuels et d'étudiants. Elle remonte la rue de l'Ancienne-Comédie, jusqu'au boulevard Saint-Germain, et descend dans la station de métro Odéon.

Ligne 10 : direction *Pont de Saint-Cloud.*

Changement : *La Motte-Piquet-Grenelle.*

Ligne 8 : direction *Créteil-Préfecture.*

Arrêt : *École Militaire.*

Dix-neuf minutes plus tard, Rachel se retrouve dans le 7e arrondissement, devant l'École Militaire. Elle traverse le Champ-de-Mars en direction de la tour Eiffel. La tour se dresse[4] devant elle, imposante, solidement ancrée[5] sur ses quatre cubes de béton. Rachel lève la tête. Comme à chaque fois, elle est impressionnée par la hauteur de la tour. Un exploit technique de 1889.

---

1 Soucieux : qui à l'air inquiet.

2 Ensoleillée : qui a beaucoup de soleil.

3 Assurance : confiance en soi.

4 Se dresser : être droit.

5 Ancrée : bien plantée au sol.

Trouver la solution de la première énigme[6], rien de plus facile. Mais monter les 1662 marches est un réel effort. Rachel fait une pause au premier étage de la tour pour reprendre sa respiration. Elle regarde les fontaines et la façade du Trocadéro. Elle aime Paris. Elle aime cette ville pour son histoire, son architecture, ses musées, et aussi la Seine qui divise la ville en deux parties : « rive[7] droite » et « rive gauche ». Le point de vue du premier étage de la tour Eiffel est magnifique, mais le temps presse. Il reste un quart d'heure pour arriver en haut de la tour. Rachel lève la tête. « Courage, se dit-elle. Ivana n'abandonne pas. » Elle se remet en marche. « Qui peut m'attendre là-haut ? » se demande-t-elle. Rachel est impatiente de connaître son mystérieux correspondant. Elle multiplie ses efforts pour arriver au troisième étage de la tour. Il y a beaucoup de monde. Comment trouver la bonne personne et le deuxième indice ?

– Mademoiselle Ivana ?

6 Une énigme : une phrase ou un texte difficile à comprendre.
7 Une rive : le bord d'une rivière.

Rachel se retourne. Un guide de la tour Eiffel lui donne une enveloppe.
– On m'a donné ça pour vous, dit-il.
– Qui vous a donné cette enveloppe ? demande Rachel.
– Un homme, répond le guide.
– Comment est-il ?
– Brun, taille moyenne, environ quarante ans.
Rachel prend l'enveloppe et regarde autour d'elle.
– Brun, taille moyenne, environ quarante ans...

Comment repérer un homme ordinaire au milieu de gens ordinaires ? Elle voit soudain la silhouette[8] d'un homme brun. L'homme entre dans l'un des ascenseurs de la tour Eiffel.

– Mince !

Elle n'a pas eu le temps de voir son visage. Elle se souvient juste de son costume. Un costume gris, plutôt chic, sur une chemise blanche.

Rachel court dans les escaliers et bouscule[9] quelques touristes dans sa course. Ils rouspètent[10]. Rachel n'a pas le temps de s'excuser. Elle dévale[11] les escaliers. L'ascenseur descend plus vite. Il arrive bien avant elle au bas de la tour. Rachel est encore au premier étage. Raté !

Rachel s'assoit sur une marche et reste songeuse[12]. Que signifient cette mise en scène[13], ce message sur son ordinateur, et cette enveloppe ?

– L'enveloppe ! s'écrie soudain Rachel.

Dans sa course, elle n'a même pas pris le temps d'ouvrir l'enveloppe. Elle contient une clé USB. Un mot l'accompagne :

Bien joué, chère Ivana. Pour vous récompenser de vos efforts, voici la clé du deuxième indice.

Rachel se relève et va vers les ascenseurs. Pourquoi courir à présent ?

L'ascenseur dépose Rachel au pied de la tour. Elle traverse le parvis[14], achète un croque-monsieur[15] dans un café pour déjeuner, puis prend le bus pour retourner au bureau.

Bus 69 : station *Champs-de-Mars.*
Direction : *Gambetta.*
Arrêt : *Solférino-Bellechasse.*
Bus 63 : direction *Gare de Lyon.*
Arrêt : *Saint-Guillaume.*
La pendule de la maison d'édition affiche 12 h 56 au retour de Rachel.

---

8 Une silhouette : la forme générale d'une personne.
9 Bousculer : pousser quelqu'un.
10 Rouspéter : protester, ne pas être content.
11 Dévaler : descendre rapidement.
12 Être songeur/songeuse : penser.
13 Une mise en scène : une comédie.
14 Un parvis : la place devant une église ou un monument.
15 Un croque-monsieur : sandwich chaud au jambon et au fromage.

– Bon appétit, monsieur, dit-elle à l'éditeur en chef, quand celui-ci passe devant elle pour aller déjeuner.

– Merci, Rachel. À tout à l'heure !

Rachel glisse tout de suite la clé USB dans son ordinateur. Une nouvelle vidéo s'affiche sur son écran. Toujours masqué, le mystérieux correspondant lui lance un nouveau défi.

Permettez-moi, avant tout, de vous féliciter, chère Ivana. Vous avez été brillante. Pardonnez-moi de ne pas vous avoir remis ce second message en main propre[16]*. Comme vous, j'aime le mystère. Mais venons-en plutôt à l'essentiel. Quelqu'un vous attendra ce soir, là où l'Archange*[17] *terrasse le dragon depuis 1860. Ayez confiance en son sourire. Il vous indiquera où se trouve le troisième indice.*

Comme pour le premier message, le mystérieux correspondant disparaît aussitôt de l'écran.

16 En main propre : personnellement.

17 Un archange : un ange

– Archange, dragon, 1860, sourire…

Rachel note tous les mots. Le téléphone sonne. Elle sursaute et décroche.

– Éditions Pluton bonjour… Maman ? Non, désolée, je ne peux pas déjeuner avec toi aujourd'hui. Préviens-moi quand tu passes dans le quartier. Je dois finir de taper un contrat. Oui, c'est ça, une autre fois…

Elle pose les yeux sur ses notes.

– Euh, juste une chose. Qui terrasse un dragon ?… Mais non, je ne suis pas folle. C'est une définition de mots croisés. … Saint Georges ? Tu es sûre ? C'est un archange ?… Non ? Alors ce n'est pas lui. … Oui, je t'embrasse.

Rachel raccroche, puis elle se connecte sur Internet. Elle tape « archange » et « dragon » sur le clavier de l'ordinateur. Le résultat est instantané : Saint-Michel.

– La fontaine Saint-Michel ! s'écrie Rachel.

CHAPITRE 2

LE SECRET DE LA ROSE

L'après-midi est interminable[1]. Rachel ne pense qu'à une seule chose : aller place Saint-Michel. Elle est sûre qu'il s'agit du bon endroit. Une sculpture de l'archange Saint-Michel se dresse au-dessus de la fontaine, face à deux dragons. Rachel connaît bien la place. Il est le lieu de rendez-vous des étudiants du Quartier latin. Et c'est à deux pas de son travail.

Quand les aiguilles de la pendule de la maison d'édition affichent 19 h 00, Rachel est prête. Son bureau est en ordre pour le lendemain.

– Rachel ?

– Oui, monsieur ?

– Vous avez deux minutes ?

Quand l'éditeur en chef parle de deux minutes, les minutes durent toujours plus longtemps. Rachel le sait. Heureusement, son mystérieux correspondant n'a pas imposé une heure précise pour ce second rendez-vous. Rachel rejoint son chef dans son bureau. Il lui tend un contrat.

– Rien ne vous choque[2] dans ce contrat ?

Rachel regarde le contrat, sans rien remarquer.

– Relisez les premières lignes, insiste l'éditeur en chef.

– Je… je ne remarque rien.

– Comment s'appelle la société qui vous emploie ?

– Les Éditions Pluton.

– Alors pourquoi écrivez-vous : Éditions du Dragon ?

L'erreur de Rachel est vite corrigée.

La place Saint-Michel est à quelques rues du bureau. Elle s'y rend à pied par la rue Saint-André-des-Arts, puis la rue Danton. L'endroit est rempli d'étudiants et de touristes. Rachel s'approche de la fontaine. Une plaque[3] indique : *Œuvre du sculpteur Gabriel Davioud* – 5 août 1860.

– 1860, aucun doute, c'est bien là, conclut-elle.

---

1 Interminable : sans fin.

2 Choquer : surprendre.

3 Une plaque : un objet plat.

Elle se retourne et regarde la place. Les gens vont et viennent[4]. Certains jouent de la musique. D'autres forment un cercle autour d'un mime[5] qui a un large sourire dessiné sur son visage blanc. Rachel cherche un homme en costume gris. Le mime poursuit[6] son spectacle. Puis il s'arrête et lui fait un signe de la main. Rachel ne le voit pas. Le mime exagère son geste pour attirer son attention. Les regards du public se tournent vers Rachel. Elle se sent observée, regarde le public et voit enfin le mime. Son sourire dessiné sur son visage blanc lui rappelle les mots de son mystérieux correspondant.

Ayez confiance en son sourire.

Le mime lui fait signe d'approcher. Rachel hésite, gênée de se retrouver au centre du spectacle. Le mime insiste. Rachel s'approche. Tel un magicien, le mime fait apparaître une rose blanche. Rose qu'il offre à Rachel sous les applaudissements du public. Rachel veut l'interroger[7]. D'un signe, le mime lui fait comprendre qu'il ne parle pas. Il reprend son spectacle. Rachel fait quelques pas sur la place et s'assoit sur un banc, à l'écart[8] du public. Elle doit rassembler ses esprits pour comprendre dans

4 Aller et venir : passer, se promener.
5 Un mime : un artiste qui s'exprime volontairement par geste, sans parler.
6 Poursuivre : continuer.
7 Interroger : poser des questions.
8 À l'écart de : loin de.

quel jeu l'entraîne son mystérieux correspondant. À présent elle a une rose blanche comme indice, sans aucun message. Rachel regarde la rose, puis soudain son regard s'illumine. Les pétales[9] de la fleur sont faits avec une bande de papier. Quelque chose est écrit dessus.

– Le message, murmure Rachel.

Elle déroule la bande de papier et lit :

La clé de la troisième énigme se trouve au cœur d'une vraie rose. La couleur de la première vous indiquera où pousse la seconde.

– Blanche ! s'écrie Rachel. Le métro !

La station Blanche est située au pied de la rue Lepic. Rachel la connaît bien, elle la prend chaque matin pour se rendre à son travail, et chaque soir pour rentrer chez elle. Elle entre dans la station de métro la plus proche[10].

Ligne 4 : direction *Porte de Clignancourt.*

Changement : *Barbès-Rochechouart.*

Ligne 2 : direction *Porte Dauphine.*

Arrêt : *Blanche.*

La pluie surprend Rachel à la sortie du métro. Elle court, traverse le boulevard de Clichy et bouscule un homme qui court en sens inverse[11] pour attraper le bus. Rachel s'excuse, mais l'homme ne s'arrête pas. Il monte dans le bus pour ne pas mouiller son costume gris. Rachel reconnaît la silhouette.

– L'homme de la tour Eiffel !

Trop tard, le bus démarre. L'homme se cache au milieu des passagers. Rachel regarde le bus s'éloigner en direction de la place Clichy et remonte la rue Lepic. Si Rachel ne connaît pas cet homme, l'homme connaît son adresse.

Pourquoi est-il venu jusque chez elle ?

– Mademoiselle !

La concierge[12] de l'immeuble appelle Rachel et lui donne une rose rouge emballée dans un film de plastique.

– Un monsieur a laissé cette rose pour vous.

– Un monsieur en costume gris ? demande Rachel.

– Oui, et très charmant, répond la concierge. C'est un ami ?

– Non, pas du tout, répond Rachel, pour couper court[13] aux questions toujours indiscrètes de sa concierge.

Elle prend la rose, grimpe[14] les six étages et déballe tout de suite la fleur. Une nouvelle clé USB est cachée dans les pétales. Son mystérieux correspondant lui adresse une nouvelle énigme.

---

9 Les pétales : les parties d'une fleur qui s'ouvrent et se ferment.

10 Proche : qui est près de.

11 En sens inverse : dans le sens opposé.

12 Une concierge : une personne qui garde un immeuble.

13 Couper court : arrêter.

14 Grimper : monter.

Cette rose c'est pour vous encourager, chère Ivana. Vous êtes impatiente de connaître la prochaine énigme, j'en suis sûr. Je ne vous fais pas attendre plus. Quatre grands livres ouverts vers le ciel. Quelqu'un vous attend là-bas, demain, à dix heures. Prenez l'énigme au pied de la lettre[15]. *Ne pensez pas aux nombres. Ne perdez pas de temps. Ne vous occupez pas des lois.*

Rachel note les mots de la nouvelle énigme : quatre livres, ciel, dix heures, lettre, nombres, temps et lois. Puis elle songe à une bibliothèque, avec un plafond décoré d'un immense ciel. Mais, après vérification, aucune bibliothèque de la capitale ne possède un plafond de ce style. « Dehors, à l'extérieur », pense alors Rachel. Elle imagine l'œuvre d'un artiste, d'un sculpteur, mais ses recherches ne donnent rien. Aucune œuvre ne représente la forme de quatre livres ouverts.

Elle se souvient alors des mots de l'ancien président François Mitterrand, le jour de l'inauguration de la Grande Bibliothèque :

Les tours du bâtiment symbolisent quatre livres. Quatre livres ouverts vers le ciel...

– Je serai à la Grande Bibliothèque demain à dix heures ! s'écrie Rachel. Comptez sur moi, Monsieur le Mystérieux Correspondant !

15 Au pied de la lettre : littéralement.

CHAPITRE 3

Les quatre tours

Ligne 13 : *direction Châtillon-Montrouge.*

Changement : *Saint-Lazare.*

Ligne 14 : direction *Olympiades.*

Arrêt : *Bibliothèque François Mitterrand.*

Les quatre tours de la Grande Bibliothèque se dressent aux quatre coins d'un immense parvis. Le ciel est dégagé et sans nuage. Rachel monte les marches du parvis. Il y a plein de touristes et de Parisiens. Le temps est idéal pour une promenade. Mais Rachel est là, sur le parvis, sans savoir où aller… Trop contente d'avoir trouvé le lieu de la prochaine énigme, Rachel n'a pas pensé à la suite du message. « Quelle idiote ! Ivana ne fait jamais ce genre d'erreur, se dit-elle. Je dois encore progresser pour être une bonne espionne. » Elle pense de nouveau au message.

Quatre grands livres ouverts…

Elle observe les quatre tours. « C'est l'une d'entre elles, se dit-elle. Mais laquelle ? » Elle regarde sa montre. « Il me reste deux minutes pour trouver l'endroit exact du rendez-vous. » Son cœur bat. Laquelle choisir ? Aller au centre du parvis ? Que faire ? *Ne perdez pas de temps…* « Eh bien c'est raté », se dit Rachel.

– Excusez-moi, mademoiselle…

Perdue dans ses pensées, Rachel sursaute[1]. Un vieil homme aux allures de scientifique se tient juste derrière elle. Visage rond, cheveux gris et lunettes aux verres épais.

– Je suis désolé de vous faire peur, s'excuse-t-il. Je cherche la tour des Temps.

– La tour des Temps ? répète Rachel.

– Oui, j'ai rendez-vous avec un ami, poursuit le vieil homme, et…

– *Ne perdez pas de temps !* s'écrie Rachel. *Ne pensez pas aux Nombres, ne vous occupez pas des Lois, prenez l'énigme au pied de la Lettre !* Mais oui ! Bien sûr !

Elle regarde les quatre tours, puis se tourne vers le vieil homme.

– Vous me sauvez la vie !

Dans un élan de joie[2], elle l'embrasse.

– Venez, suivez-moi, ajoute-t-elle.

---

1 Sursauter : mouvement brusque causé par la surprise.

2 Un élan de joie : une forte joie.

Rachel entraîne le vieil homme vers l'entrée de la Grande Bibliothèque. Un plan est affiché. Chacune des quatre tours porte un nom : la tour des Temps, la tour des Lois, la tour des Nombres et la tour des Lettres.

– *Prenez l'énigme au pied de la Lettre...* La tour des Lettres ! s'écrie de nouveau Rachel.

Elle traverse le parvis jusqu'à la tour des Lettres. Elle tourne autour. Personne ne l'attend. « Je l'ai raté, songe Rachel. Je suis en retard de deux minutes. » Sa déception[3] est de courte durée. Elle remarque un livre posé au pied de la tour. Un livre avec des pages blanches. Surprise, Rachel le feuillette[4]. Elle remarque un message écrit à la main sur l'une des pages :

Désolé de ne pas avoir attendu, chère Ivana. Soixante-treize personnes reposent sous sa coupole[5]. Vous pouvez y voir aussi tourner la Terre. Mais de grâce, soyez à l'heure, cette fois.

3 Une déception : une désillusion.
4 Feuilleter : tourner les pages d'un livre.
5 Une coupole : un dôme.

Rachel pense aussitôt à la chapelle de l'hôtel des Invalides. Mais un homme, un seul, repose sous la coupole : Napoléon. *Vous pourrez y voir aussi tourner la Terre...* « L'observatoire de Paris », pense alors Rachel. On y observe les astres et les planètes. Mais aucun homme n'y repose. Elle pense un instant à la Brasserie de la Coupole, restaurant réputé[6] de la capitale, située dans le 14e arrondissement, mais aucun des mots de l'énigme ne correspond à cet endroit.

Soixante-treize personnes reposent sous sa coupole...

La phrase tourne dans la tête de Rachel. Soudain, elle repense au vieil homme rencontré quelques minutes plus tôt. « Il a l'air d'un scientifique, se dit-elle. Il doit savoir. » Elle le cherche dans la foule et le voit avec son ami. Les deux hommes descendent les marches du parvis, en direction de la Seine. Rachel les rejoint.

– Excusez-moi ! dit-elle.

Le vieil homme s'arrête et se retourne.

– J'ai besoin de vos lumières[7], explique Rachel. Je dois résoudre une énigme. Je cherche une coupole sous laquelle reposent soixante-treize personnes.

– Une coupole et soixante-treize personnes, répète le vieil homme. Voilà une énigme intéressante.

Il se tourne vers son ami.

– Pouvons-nous aider cette ravissante[8] personne ?

– Le Panthéon, suggère l'ami.

– C'est aussi l'idée qui me vient à l'esprit[9], dit le vieil homme.

Puis il se tourne vers Rachel.

– Je ne suis pas tout à fait sûr du nombre soixante-treize, précise-t-il. Mais ce monument renferme les cendres[10] des Grands Hommes de l'Histoire de France.

– Vous êtes sûr ?

– Sûr comme deux et deux font quatre, répond le vieil homme.

– Merci, répond Rachel.

Elle fait demi-tour et s'éloigne.

– Vous ne m'embrassez pas, cette fois ? lance le vieil homme avec malice[11].

Rachel s'arrête dans son élan et revient vers eux.

– Si, bien sûr, et plutôt deux fois qu'une[12], dit-elle.

Elle embrasse tour à tour le vieil homme et son ami, puis elle s'éloigne pour monter dans un bus.

Bus 89 : direction *Malakoff.*

Arrêt : *Lycée Henri IV.*

---

6 Réputé : très aimé.

7 Lumières : ici, connaissances, savoir.

8 Ravissante : belle.

9 Venir à l'esprit : trouver une idée.

10 Les cendres : la poudre qui reste après la combustion.

11 Malice : plaisanterie.

12 Et plutôt deux fois qu'une : et même le double.

Le bus longe les grilles du Jardin des Plantes. Rachel réfléchit, le regard perdu. Derrière elle, un enfant bavarde[13] avec sa grand-mère. Ils regardent les sculptures exposées le long des pelouses du jardin. L'une d'entre elles représente une sphère[14] suspendue à un fil.

– Regarde, Mamie ! s'exclame l'enfant. C'est comme le pendule. Tu te souviens ?

– Le pendule[15] de Foucault, oui, répond la grand-mère.

– Le pendule de Foucault, répète Rachel, à voix basse. Bon sang !

Elle se retourne vers l'enfant.

– Où as-tu vu ce pendule ?

L'enfant sursaute et regarde sa grand-mère.

– Réponds, mon ange, dit la grand-mère.

– Je ne me souviens plus très bien.

13 Bavarder : discuter.

14 Une sphère : en forme de balle.

15 Un pendule : poids attaché à un fil.

– Rappelle-toi, c'était au Panthéon, dit la grand-mère.

Le visage de Rachel s'illumine. Elle regarde l'enfant avec un grand sourire.

– Tu es un petit bonhomme formidable. Merci !

Elle reprend sa place sur son siège et ferme les yeux sans avoir remarqué l'homme au costume gris assis au fond du bus.

CHAPITRE 4

LE PENDULE

Le vieil homme et l'enfant ne se sont pas trompés. La solution de la nouvelle énigme est bien le Panthéon. Le monument accueille les cendres des Grands Hommes de l'Histoire de France. Il conserve aussi le célèbre pendule de l'astronome Léon Foucault, mort en 1868, une sphère suspendue à un fil d'acier[1] qui démontre, par ses va-et-vient, le mouvement de la Terre.

1 Acier : métal très dur.

L'endroit impose le respect. Peu de touristes le visitent à cette heure encore matinale. Rachel remonte l'allée du bâtiment jusqu'à la partie centrale de l'édifice et s'approche du pendule. Puis elle regarde autour d'elle. Aucun homme en costume gris. Elle tourne autour du pendule à la recherche d'un nouvel indice. Son manège[2] attire l'attention d'un gardien assis sur une chaise.

– Vous cherchez quelque chose ? demande-t-il.

– Oui, enfin non, répond Rachel. Je cherche plutôt quelqu'un. Je suis sans doute en avance, ajoute-t-elle.

Soyez à l'heure, cette fois...

La fin du message résonne dans sa tête. Elle n'est pas arrivée trop tard, elle est en avance. Et cette fois, elle est bien décidée à découvrir son mystérieux correspondant.

Rachel entend des pas derrière elle, mais ce sont ceux des visiteurs. Elle décide de se cacher derrière un pilier[3], sans perdre de vue[4] le pendule.

Une voix la fait soudain sursauter.

– Je peux savoir à quoi vous jouez ?

Le gardien s'est approché d'elle, sans faire de bruit.

– Vous tournez autour de ce pendule, puis vous jouez à cache-cache[5] derrière ce pilier !

– J'attends quelqu'un, explique Rachel. Je veux lui faire une surprise.

– Ce n'est ni le lieu ni le moment, réplique le gardien. Allez, hop, circulez[6] !

– Je ne bouge pas d'ici et je reste bien tranquille. Mon rendez-vous ne va pas tarder.

Le gardien la dévisage.

– Juste une minute, insiste-t-elle. S'il vous plaît.

Le gardien accepte[7] et retourne s'asseoir sur sa chaise. Rachel jette un regard autour d'elle. Un homme l'observe.

« Non, ce n'est pas lui, pense Rachel. Il est trop vieux. »

Elle en voit un autre un peu plus loin.

« Non. Celui-là est trop grand. »

Un bruit retient son attention. Elle se retourne. Une silhouette lance une boule dans sa direction.

– L'homme au costume gris, murmure Rachel.

La boule roule près d'elle et poursuit son chemin. Rachel hésite à suivre l'homme. Elle voit le gardien se lever et la boule continuer de rouler.

« La boule ! se dit-elle. D'abord ramasser la boule ! »

Elle court la ramasser.

– Cette fois, c'en est trop, dit le gardien. Allez, hop...

---

2 Un manège : un comportement, une attitude.
3 Pilier : support vertical.
4 Perdre de vue : ne plus voir quelque chose.
5 Cache-cache : jeu qui consiste à se cacher et ne pas être trouvé.
6 Circulez ! : ne restez pas là !
7 Accepter : être d'accord, consentir.

– Circulez, je sais, poursuit Rachel.

Elle se précipite[8] à l'extérieur. Mais dehors, elle ne trouve aucune trace de l'homme mystérieux. « Pas facile de jouer les espionnes », se dit-elle. Rachel s'assoit sur les marches du Panthéon et regarde la boule qu'elle vient de ramasser. La boule représente la Terre.

Vous pourrez y voir tourner la Terre...

La boule peut se dévisser en deux. Il suffit de faire tourner chacune des deux parties. Rachel la dévisse. Elle contient une nouvelle clé USB.

Rachel est au cœur de la capitale, à deux pas du jardin du Luxembourg. Retourner chez elle pour glisser la clé dans son ordinateur et connaître le nouveau message n'a pas de sens. Son mystérieux correspondant va l'envoyer quelque part, à l'autre bout de Paris ! Courir, prendre le métro, monter des marches... Rachel commence à être fatiguée !

Elle prend son téléphone portable.

– Allô ? Nathalie ? C'est Rachel. Tu es chez toi ? Je peux passer ? Oui, dans dix minutes.

Bus 21 : direction *Porte de Gentilly.*

Arrêt : *Glacière – Arago.*

Dix minutes plus tard, Rachel se retrouve au numéro 1 de la rue Jean-Dolent, chez sa cousine Nathalie.

– Que se passe-t-il ? demande Nathalie.

– Je peux utiliser ton ordinateur ? demande Rachel.

– Bien sûr. Tout va bien ?

Rachel murmure un « oui » à peine audible[9] et se précipite dans le salon. Elle glisse la clé USB dans l'ordinateur. Une nouvelle vidéo s'affiche à l'écran. Le visage toujours masqué, son mystérieux correspondant lui donne la nouvelle énigme.

Une pause s'impose. Je possède le secret de la pierre philosophale. Ma maison accueille les visiteurs depuis 1407. Rendez-vous chez moi, chère Rachel, avec la personne de votre choix.

Comme chaque fois, le visage du mystérieux correspondant disparaît de l'écran.

– C'est qui ? demande Nathalie.

Rachel ne répond pas. Elle attrape une feuille sur la table pour noter les nouveaux mots. Secret, pierre philosophale, maison et 1407.

– Tu veux bien m'expliquer, insiste Nathalie.

– C'est une énigme, répond Rachel. Je dois me rendre quelque part dans Paris. D'après toi, qui possède le secret de la pierre philosophale ?

– Aucun alchimiste[10] ne l'a jamais trouvé.

– Un alchimiste ! Notre homme est un alchimiste. Un alchimiste né autour de 1407.

– Alors, ton alchimiste a plus de six cents ans, répond Nathalie. Il est mort et sa maison n'est plus la sienne depuis longtemps.

---

8 Se précipiter : avancer rapidement, s'élancer.

9 Audible : que l'on peut entendre.

10 Alchimiste : personne qui pratique l'alchimie (science et magie au Moyen-Âge).

– Mais elle existe encore, dit Rachel. J'ai rendez-vous dans cette maison.

Elle tape les mots sur l'ordinateur de sa cousine : maison, alchimiste, Paris, et la date 1407. Le moteur de recherche[11] affiche aussitôt les informations suivantes : maison de Nicolas Flamel, célèbre alchimiste parisien, né en 1340 et mort en 1418. Sa maison, construite en 1407, est aujourd'hui la plus ancienne maison de Paris. Elle se situe au numéro 51 de la rue Montmorency, dans le 3e arrondissement de la capitale.

– Bingo ! crient en chœur Rachel et Nathalie.

Rendez-vous chez moi avec la personne de votre choix...

– Tu m'accompagnes ? dit Rachel.

– Bien sûr !

Les deux cousines descendent la rue Saint-Jacques et entrent dans le métro.

Ligne 6 : direction *Charles-de-Gaulle-Étoile.*

Changement : *Denfert-Rochereau.*

Ligne 4 : direction *Porte de Clignancourt.*

Arrêt : *Réaumur-Sébastopol.*

Rachel et Nathalie remontent la rue Montmorency jusqu'au numéro 51. Elles restent émerveillées[12] par la façade de la maison qui a plus de six cents ans. Aujourd'hui, l'ancienne auberge[13] est un restaurant.

– C'est magnifique, dit Nathalie.

Les deux cousines regardent à travers les fenêtres du restaurant.

– On entre ? demande Nathalie.

– Il a dit : *rendez-vous chez moi.*

Rachel pousse la porte du restaurant. Quelques personnes déjeunent. Un serveur[14] les accueille aussitôt.

– Bonjour, mesdemoiselles, vous souhaitez déjeuner ?

Rachel et Nathalie se regardent. Déjeuner ? Aucune d'elles n'y a songé.

– C'est que... enfin..., bredouille Nathalie.

– Quelqu'un nous a donné rendez-vous ici, explique Rachel.

– Aucun problème, répond le serveur. Cette personne a sûrement fait une réservation. Quel est son nom ?

Rachel et Nathalie se regardent de nouveau.

– Nous ne connaissons pas son nom, dit Nathalie. Excusez-nous.

Elle pousse sa cousine à l'extérieur du restaurant.

– Tu es folle ! s'écrie Rachel, une fois dehors. Tu nous fais passer pour deux idiotes.

– Deux idiotes qui ne connaissent pas la personne qui leur a donné rendez-vous, réplique Nathalie.

– Il veut rester mystérieux.

– Eh bien qu'il le reste.

---

11 Un moteur de recherche : un site Internet qui permet de trouver des informations sur d'autres sites Internet.

12 Émerveillées : qui admirent quelque chose.

13 Une auberge : une maison où les voyageurs payent pour manger et dormir.

14 Un serveur : une personne qui sert les clients dans le restaurant.

– Tu ne comprends pas. Il veut me cacher son nom... La réservation doit être à mon nom.

Rachel pousse de nouveau la porte du restaurant et va voir le serveur.

– La réservation est au nom de Rachel Dubois.

– Un instant, je vérifie, dit le serveur.

Il consulte le registre et revient.

– Désolé, mais je n'ai aucune réservation à ce nom.

Rachel fait demi-tour. Puis brusquement, elle s'écrie :

– Ivana ! Essayez Ivana !

Les clients du restaurant redressent la tête. Le serveur s'approche de Rachel.

– Mademoiselle, s'il vous plaît...

– Ivana ! l'interrompt Rachel. La réservation est au nom d'Ivana.

Le serveur retourne consulter son registre[15]. Il y a bien une réservation au nom d'Ivana. Rachel fait signe à sa cousine. Nathalie la rejoint à l'intérieur du restaurant. Le serveur les place et leur donne deux cartes. Celle de Rachel n'a pas de menu, mais un message de son mystérieux correspondant.

Ne perdez pas de temps pour choisir votre menu, chère Ivana. Concentrez votre attention sur cette nouvelle énigme.

– Tu choisis quoi ? demande Nathalie.

– Hein ? Comme toi, répond Rachel.

Puis elle lit la seconde partie du message.

À trente mètres de haut, il domine le troisième plus grand des 426 jardins de la capitale. Ayez le cœur bien accroché[16], car pour me rejoindre il faut marcher très haut.

Le serveur vient prendre la commande. Nathalie choisit une dorade à la coriandre. Le serveur se tourne vers Rachel.

– Et pour Mademoiselle ?

Rachel relève le nez de sa carte.

– Pardon ?

– Je prends une dorade, dit Nathalie. Et toi ?

– Pareil.

– Tu n'aimes pas le poisson, s'étonne Nathalie.

– Dans ce cas, je vous suggère le médaillon de veau rôti au four, dit le serveur.

– Un médaillon, c'est parfait ! répond Rachel.

Puis elle plonge de nouveau le nez dans sa carte. Le serveur s'éloigne. Nathalie observe sa cousine.

– C'est agréable de déjeuner avec toi.

Rachel relève de nouveau le nez de sa carte.

– Hein ? Quoi ?

– Tu vas lire cette carte encore longtemps ?

– Tu as de quoi noter ?

Nathalie fouille dans son sac. Elle sort un carnet et un stylo.

---

15 Un registre : un cahier de réservations.

16 Avoir le cœur bien accroché : être courageux.

– Note, s'il te plaît, poursuit Rachel. Trente mètres et 426 jardins.

Puis elle referme la carte.

– D'après toi, quels sont les trois plus grands jardins de Paris ?

– Je ne sais pas, dit Nathalie. Le jardin des Tuileries, celui du Luxembourg…

– Le parc de la Villette, le jardin des Tuileries et le parc des Buttes-Chaumont, répond une voix.

Rachel se retourne. Une femme est assise derrière elle. Elle déjeune en compagnie d'une amie.

– Pardonnez-moi d'écouter votre conversation, dit la femme, mais vous parlez si fort…

– Nous sommes désolées, répond Nathalie.

Rachel l'interrompt.

– Pour les jardins, vous êtes sûre ?

– Absolument sûre, répond la femme. Je travaille au service Parcs et Jardins de la mairie[17] depuis vingt ans.

17 Une mairie : l'endroit où travaille l'administration d'une ville.

– Lesquels sont les deux plus grands ?
– La Villette et les Tuileries.
– Je ne sais pas comment vous remercier, dit Rachel.
– Si vous pouviez parler moins fort, répond la femme.
Rachel se retourne vers Nathalie.
– J'ai la solution de la première partie de ma nouvelle énigme, chuchote-t-elle.
Elle ouvre sa carte et montre à sa cousine le message de son mystérieux correspondant.
– J'ai rendez-vous au parc des Buttes-Chaumont.
– Maintenant ?
– Non, répond Rachel. Il a dit : *une pause s'impose.* Ça nous laisse le temps de déjeuner.
– C'est lui qui nous invite ?
– Il impose ses règles, ça fait sûrement partie du jeu. Pourquoi tu me demandes ça ?
Nathalie regarde sa cousine avec malice.
– Il y a des poires sablées au pain d'épice.
Le serveur dépose la dorade et le médaillon de veau devant chacune d'elles.
– Comme dessert, nous prendrons deux poires sablées au pain d'épice, dit Rachel. ... Et deux coupes de champagne !
Nathalie se penche vers sa cousine.
– Pour le champagne, tu exagères peut-être un peu.
– Si mon mystérieux correspondant n'est pas content, qu'il nous montre le bout de son nez.

CHAPITRE 5

LE TEMPLE

Ligne 11 : direction *Mairie des Lilas.*
Changement : Belleville.
Ligne 2 : direction *Porte Dauphine.*
Changement : *Jaurès.*
Ligne 7 bis : direction *Pré-Saint-Gervais.*
Arrêt : *Buttes-Chaumont.*

Le téléphone portable de Rachel sonne quand elle sort de la station de métro en compagnie de sa cousine.

– Un message, dit-elle.

Elle l'ouvre. La photo d'un nez apparaît sur son écran. Le nez d'un homme. Un mot accompagne la photo :

Le bout de mon nez, chère Ivana.

Rachel et Nathalie restent stupéfaites[1].

– Il nous suit, dit Nathalie.

Rachel regarde autour d'elle.

– Non, il a toujours un temps d'avance.

– Parle-moi de lui. Comment est-il ?

– Aucune idée, avoue Rachel. Je ne sais qu'une chose. Il porte un costume gris.

– C'est tout ?

– Il est aussi très malin.

– Qu'est-ce qu'il cherche, à ton avis ?

– Il me teste.

– Pourquoi toi ?

– En fait, ce n'est pas moi qu'il teste, mais Ivana.

– Ivana ?

Rachel regarde sa cousine.

– Tu me promets de garder le secret.

– Tu peux compter sur moi, répond Nathalie.

– Ivana est un personnage imaginaire. Je raconte ses aventures sur mon blog.

Nathalie reste stupéfaite.

– J'adore ce blog ! Je le lis tous les soirs ! C'est incroyable ! Ivana et toi, vous... ?

---

1 Stupéfaites : paralysées par la surprise.

– Nous sommes la même personne, oui.

– Quand Bruno va savoir...

– Nathalie !

– Quoi ?

– Tu as promis de ne rien dire, ni à Bruno ni à personne. C'est un secret. Je veux rester anonyme[2]. Nous sommes d'accord ?

– Oui, excuse-moi, c'est l'émotion, la surprise.

Les deux cousines poursuivent leur conversation et entrent dans le parc des Buttes-Chaumont.

– On lui tend un piège[3] ? s'écrie soudain Nathalie.

– Un piège ?

– Tu te rends au rendez-vous, et moi, je le surveille. C'est une bonne idée, non ?

Il domine le jardin, à trente mètres de haut...

Rachel repense aux premiers mots de l'énigme. Elle lève la tête vers la falaise qui borde le lac du parc. Un temple[4] s'y dresse entre les arbres. Elle pointe son doigt vers le monument.

– Là-haut, dit-elle. Il m'attend là-haut.

Un jardinier ramasse les premières feuilles mortes sur les pelouses. Rachel s'approche et l'interroge.

– Excusez-moi, comment va-t-on là-haut ?

– Au temple de Sibylle ? dit le jardinier. Vous avez deux ponts. Si vous avez le cœur bien accroché, prenez ce pont-là.

Il désigne un pont suspendu accroché à la falaise.

Le cœur bien accroché... Il faut marcher très haut...

Rachel n'attend pas l'autre explication. Elle le remercie et court en direction du pont.

– Attends ! crie Nathalie. Je ne monte pas sur ce pont. J'ai le vertige[5].

– Alors, prenez l'autre pont, explique le jardinier. Il est moins impressionnant[6].

Il désigne un chemin.

– Il y a un escalier à droite, au bout de ce chemin.

Nathalie court dans le chemin pour suivre les indications de l'employé. Elle arrive au pied d'un escalier. Elle monte les premières marches. Un homme les dévale et la bouscule.

– Eh, faites attention ! crie Nathalie.

– Excusez-moi, dit l'homme. Tout va bien ?

Nathalie croise son regard. L'homme est vêtu d'un costume gris.

– Vous êtes...

---

2 Anonyme : de nom inconnu.

3 Un piège : un danger caché pour tromper quelqu'un.

4 Un temple : un monument religieux.

5 Avoir le vertige : avoir peur du vide.

6 Impressionnant : qui fait peur.

L'homme ne la laisse pas finir sa phrase. Il reprend sa course et disparaît au détour du chemin.

– L'homme en costume gris, murmure Nathalie.

Elle hésite à le suivre. L'homme est sportif, il court vite. Nathalie choisit de continuer son ascension.

Rachel arrive en haut de la falaise[7]. Encore quelques mètres et elle accède au temple : un monument composé de six colonnes et d'une coupole. Le point de vue est magnifique. De là, on peut admirer le parc. Mais Rachel doit trouver la clé de la nouvelle énigme. Le sol est couvert d'un tapis de feuilles mortes, avec quelques papiers froissés et une bouteille en plastique.

– Les gens ne respectent rien, murmure-t-elle.

Elle ramasse les papiers et remarque un mot dans la bouteille. C'est un nouveau message.

Chère Ivana, dans vos aventures, vous avez pour habitude de travailler seule. Continuez ainsi, ou le jeu n'est plus égal.

Nathalie arrive au temple.

– Je l'ai vu ! s'écrie-t-elle.

Rachel glisse le mot au fond de sa poche.

– Je l'ai vu avec son costume gris, répète Nathalie.

– Comment est-il ?

– Plutôt mignon.

– Brun, blond, grand, petit ? demande Rachel.

– Blond, je crois. Non, plutôt brun.

– En fait, tu ne sais rien, s'énerve Rachel.

– Mignon, c'est déjà un indice, non ?

Rachel lève les yeux au ciel. Décidément, sa cousine n'a rien d'une Ivana.

– Et toi ? demande Nathalie.

– Moi ? Rien. Pas la trace du moindre indice[8], répond Rachel. Juste cette bouteille et des papiers abandonnés par quelques visiteurs.

– On fait quoi ?

– On rentre.

Les deux cousines quittent le parc. Nathalie est un peu triste de leur échec. Rachel ne peut rien dire, rien expliquer. Son mystérieux correspondant lui demande de continuer seule. Nathalie prend le métro. Rachel choisit de rentrer chez elle en bus.

Bus 26 : direction *Saint-Lazare.*

Changement : *Carrefour de Châteaudun.*

Bus 74 : direction *Berges de Seine.*

Arrêt : *Blanche.*

Quarante minutes plus tard, Rachel est au pied de la butte Montmartre. Elle fait quelques courses dans la rue Lepic et monte les six étages de son immeuble. Elle

7 Une falaise : une paroi rocheuse.

8 Un indice : un objet ou action qui permet de deviner quelque chose.

allume son ordinateur et consulte ses mails*. Il y a beaucoup de messages de lecteurs du blog d'Ivana, mais aucun message de l'homme au costume gris. « C'est aussi bien ainsi, pense Rachel. Je suis épuisée. » Elle se fait un thé, mais la pause est de courte durée. Un signal sonore l'informe d'un nouveau message.

– C'est lui, remarque Rachel.

Elle clique. Le visage de son mystérieux correspondant apparaît sur l'écran. Toujours masqué, il invite Rachel à poursuivre le jeu.

Alors, chère Ivana, belle journée ?

« Épuisante », pense Rachel.

Vous méritez un peu de repos.

« Trop aimable. »

Vous avez toute la nuit pour trouver le lieu de notre prochain rendez-vous. Eh oui, l'aventure continue. Alors, écoutez bien. Ils sont 7 000, presque vivants, dans la nef[9] *et sur les balcons. Observez bien la caravane*[10] *africaine.*

Le visage du mystérieux correspondant disparaît. Rachel note aussitôt les mots de l'énigme.

La nef et les balcons…

Rachel pense à une église… La cathédrale Notre-Dame ? L'église Saint-Sulpice ? La Madeleine ? Mais elle ne voit aucun lien avec une caravane africaine.

7 000, presque vivants…

Rachel pense à une armée, puis à des sculptures. Des sculptures africaines…

– Le musée du quai Branly, murmure Rachel.

Elle consulte le site du musée des Arts Premiers. Tout semble correspondre, à une exception. L'architecture moderne du bâtiment n'a pas de nef, mais une galerie.

– La Galerie de l'Évolution ! s'écrie Rachel.

Elle fouille les étagères de sa bibliothèque à la recherche d'un magazine scientifique.

– Où est-il ? Il y a tout un article sur cette galerie. Ah, le voilà !

Rachel tourne les pages et lit l'article à mi-voix.

– L'immense nef et les balcons accueillent sept mille spécimens naturalisés… Une longue file d'éléphants, de léopards, de lions et autres animaux représentent la savane africaine !

Elle referme le magazine avec un grand sourire et une irrésistible envie de téléphoner à sa cousine.

Vous avez pour habitude de travailler seule, chère Ivana. Continuez ainsi, ou le jeu n'est plus égal.

Rachel se souvient de la mise en garde de son mystérieux correspondant. Elle oublie sa cousine, se sert une tasse de thé et pense à son prochain rendez-vous dans la Grande Galerie du Muséum d'histoire naturelle.

***** Orthographe répandue dans la langue courante, peut également s'écrire mél.

9 Une nef : partie d'une église.

10 Une caravane : un groupe qui voyage ensemble.

CHAPITRE 6

La caravane

On circule[1] mieux dans la capitale, le dimanche. Mais ce jour-là, les métros sont moins fréquents[2]. Rachel choisit donc de se rendre au Muséum d'histoire naturelle en bus.

Bus 68 : direction *Montrouge.*
Changement : *Palais-Royal.*
Bus 67 : direction *Porte de Gentilly.*
Arrêt : *Jussieu.*

1 Circuler : se déplacer.
2 Fréquents : qui arrivent souvent.

Rachel éprouve toujours un grand bonheur quand elle circule dans Paris. Elle aime cette ville, ses monuments et ses nombreux ponts, tous différents, pour varier les plaisirs.

Le bus dépose Rachel à l'entrée du Jardin des Plantes, du côté de la ménagerie. Elle remonte les allées jusqu'à la Galerie de l'Évolution et pénètre dans la nef du bâtiment.

La caravane africaine…

Une longue file d'animaux naturalisés représente les espèces[3] de la faune[4] africaine. Des éléphants, des léopards, des lions, mais aussi des girafes, des rhinocéros et des hippopotames.

Observez bien la caravane africaine…

Rachel avance vers la file d'animaux et les observe avec attention. La clé de la prochaine énigme est là, quelque part, au milieu d'eux. Elle s'approche, regarde, cherche un mot ou une clé USB. Et puis, soudain, elle la voit. La clé est cachée dans la gueule[5] ouverte d'un lion. L'animal semble prêt à bondir[6]. Rachel est impressionnée. Elle ne risque rien, mais l'animal semble si réel…

7 000 presque vivants…

Rachel tend la main et prend la clé. Une alarme se déclenche[7] aussitôt.

– Eh ! Vous là-bas ! hurle un vigile[8].

Il se précipite vers Rachel.

– Qu'est-ce que vous faites ?

– Moi ? Rien, répond Rachel.

– Ouvrez votre main, demande le vigile.

– Mais enfin…

– Ouvrez la main, ou bien j'appelle la police.

Rachel ouvre la main.

– Je n'ai rien volé, dit-elle. Cette clé est à moi.

Le vigile prend la clé USB et demande à Rachel de le suivre. Rachel veut expliquer la situation, mais le vigile ne veut rien entendre. Il prend le bras de Rachel et la conduit dans un bureau, au premier étage du bâtiment.

– Je m'appelle Rachel Dubois, explique-t-elle. Cette clé contient un message pour moi.

– Très bien, dit le vigile. Vérifions !

Il glisse la clé dans un ordinateur.

– Si je dis la vérité, vous me laissez partir ?

Le vigile ne répond pas. Le visage du mystérieux correspondant de Rachel apparaît sur l'écran, toujours masqué.

---

3 Une espèce : catégorie d'animaux qui se ressemblent.
4 Une faune : ensemble d'animaux d'une région.
5 Une gueule : la bouche d'un animal.
6 Bondir : sauter.
7 Se déclencher : se mettre en marche.
8 Un vigile : un garde.

Les crocs[9] *de ce lion ne vous ont pas fait peur, quel courage. Toutes mes félicitations, chère Ivana.*

Le vigile se tourne vers Rachel.

– Ivana ?

– Taisez-vous, laissez-moi écouter, dit Rachel.

Elle s'approche de l'écran pour mieux entendre le message.

Ils sont 300, cette fois. 300 pour vous donner l'illusion de vivre les grandes périodes de l'histoire de France. Mais aussi pour vous donner l'illusion d'être une star parmi les stars. Pensez à moi quand vous serez là-bas.

Le visage du mystérieux correspondant disparaît. Rachel attrape un bloc de papier et un stylo sur le bureau.

– Ne vous gênez pas. Faites comme chez vous, dit le vigile.

– Je dois noter toutes les informations, répond Rachel.

300, illusion, histoire de France, stars... Elle arrache la feuille du bloc et va vers la porte du bureau. Le vigile la rattrape et lui prend le bras.

– Pas si vite ma jolie, j'attends des explications.

– L'homme qui parle dans la vidéo me lance des défis, explique Rachel. Il cache des clés USB dans la capitale. Je dois les trouver et décoder ses énigmes. Ça vous va comme explications ?

Le vigile reste perplexe[10].

– Écoutez, j'ai peu de temps, poursuit Rachel.

Un second vigile entre dans le bureau.

– Vous êtes Mademoiselle Dubois ? Rachel Dubois ?

– Oui, c'est moi.

Le vigile se tourne vers son collègue.

– Tu peux la laisser partir. Un homme prétend avoir caché une clé USB pour cette jeune personne. Une sorte de jeu entre eux, m'a-t-il dit.

– Cet homme, il porte un costume gris ? demande Rachel.

– Oui, je crois. Il est en bas, dans la galerie.

Rachel sort du bureau et se précipite sur le balcon du premier étage. Elle promène son regard parmi les visiteurs de la galerie. Soudain, elle remarque l'homme au costume gris. Il quitte la galerie. Rachel court vers les escaliers et se lance à sa poursuite.

Dehors, de nombreux visiteurs se promènent dans les allées. Mais Rachel ne voit aucun homme en costume gris. Déçue, elle s'assoit sur un banc. « Oublie cet homme pour le moment, se dit-elle. Concentre-toi sur la nouvelle énigme. » Elle relit ses notes.

300 pour donner l'illusion de vivre les périodes de l'histoire de France...

Rachel pense à différents musées de la capitale.

Ou bien d'être une star parmi les stars...

---

9 Les crocs : les dents d'un animal.

10 Perplexe : qui ne sait pas quoi faire.

Rachel pense à une exposition de photos de stars.

L'illusion...

Rachel pense au musée de la magie, rue Saint-Paul, au cœur du Marais.

– Non, murmure-t-elle. Je fais fausse route. Tous les indices mènent à un même lieu.

L'illusion, l'Histoire de France, des stars...

Le musée Grévin ! s'écrie Rachel. On y trouve des statues en cire des rois de France, des hommes politiques et des gens célèbres.

Rachel traverse le Jardin des Plantes pour prendre le métro à la gare d'Austerlitz.

Ligne 15 : direction *Bobigny.*

Changement : *Bastille.*

Ligne 8 : direction *Balard.*

Arrêt : *Grands Boulevards.*

Vingt-six minutes plus tard, Rachel est devant le célèbre musée de cire de la capitale. Après trente minutes d'attente, elle parvient à entrer dans le musée. Le lieu est magique ! Les statues de cire font toujours illusion.

Illusion…

Rachel se rappelle qu'elle est ici pour enquêter et non pour s'amuser.

Pensez à moi quand vous serez là-bas…

Que veut dire son mystérieux correspondant ? Elle ne le connaît pas. Comment penser à lui ? Tout ce qu'elle sait, c'est qu'il porte un costume gris. « Un costume gris ! Je dois trouver un personnage avec un costume gris », songe Rachel. Comment trouver le bon ? Beaucoup de personnages contemporains[11] portent un costume gris. « Un masque… », pense-t-elle.

Son mystérieux correspondant est toujours masqué. Et ce masque, elle le connaît. Une statue de cire porte le même. La statue dort sur un banc, au milieu de la salle principale du musée. Rachel s'approche. La statue de cire représente un anonyme. L'illusion est parfaite. On croit qu'il s'agit d'un visiteur qui s'est endormi. « Prudence, cette fois », se dit Rachel. Elle regarde autour d'elle et ne voit aucun gardien. Elle s'assoit sur le banc, à côté du dormeur, et glisse une main dans la poche de sa veste. Ses doigts touchent un objet. Rachel le prend. C'est une nouvelle clé. Bingo !

Rachel quitte le musée sans remarquer une autre statue de cire assise à l'entrée, vêtue d'un costume gris. Une statue de cire qui prend brusquement vie pour suivre Rachel hors du musée.

---

11 Des personnages contemporains : des gens.

CHAPITRE 7

La dernière clé

Rachel marche sur les grands boulevards, jusqu'à l'Opéra Garnier. Elle monte à l'avant d'un bus. L'homme au costume gris la suit et monte à l'arrière du même bus.

Bus 66 : direction *Boulevard Victor Hugo.*

Changement : *Saint-Lazare.*

Bus 80 : direction *Mairie du 18*^{e}

Arrêt : *Clichy-Caulaincourt.*

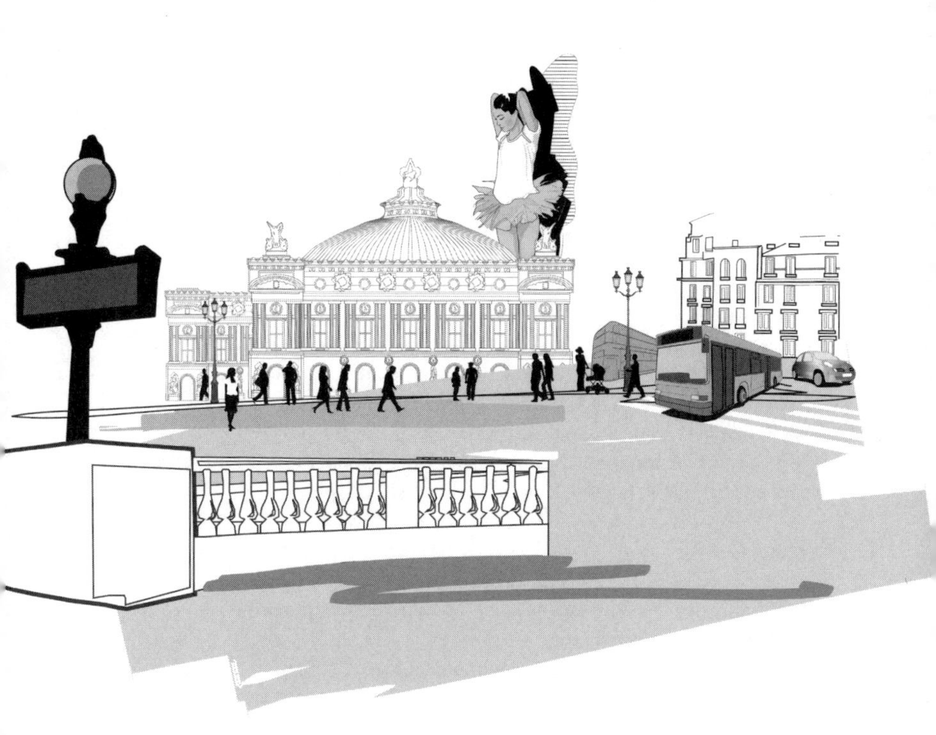

De retour rue Lepic, elle glisse la clé dans son ordinateur.

Vous touchez au but, chère Ivana. Vous avez maintenant toutes les clés pour me trouver. 74 marches vous séparent de la dernière énigme. Je vous attends à dix-sept heures, là où, chaque automne, le Prix du Café est unique.

Rachel s'empresse[1] de noter les informations : 74 marches, dix-sept heures, café, automne, Prix...

– Le Café de Flore ! s'écrie-t-elle.

Chaque année, en automne, un jury remet un prix[2] à un jeune écrivain dans ce café : le Prix du Café de Flore. C'est à deux rues du bureau où Rachel travaille. Elle y va souvent pour déjeuner en terrasse quand il fait beau.

Dix-sept heures...

Elle regarde sa montre. Elle a deux heures devant elle.

74 marches vous séparent de la dernière énigme...

Rachel tourne et retourne la phrase dans sa tête sans trouver l'explication. Puis elle pense aux marches qui bordent les rails du funiculaire[3] de la butte Montmartre. Elle pense ensuite aux marches de l'esplanade[4] de l'église du Sacré-Cœur. Mais les deux solutions ne lui conviennent pas. Son mystérieux correspondant parle de 74 marches sans ajouter d'autre explication. Elle doit chercher quelque chose de plus simple, de plus évident. 74 marches, c'est égal à cinq ou six étages...

– Six étages ! s'écrie Rachel.

Elle sort de son appartement et descend les six étages de son immeuble. Son regard se pose sur les boîtes aux lettres. Une enveloppe dépasse de la boîte de Rachel. Elle contient un nouveau message.

Acceptez tout d'abord mes excuses, chère Ivana. Mes excuses pour vos ennuis à la grande Galerie de l'Évolution. Vous ne m'en voulez pas, j'espère ? Vous avez toutes les clés. À vous de trouver la bonne combinaison[5], et vous saurez qui je suis.

Sur une feuille à part figure une grille : une ligne composée de dix cases. À l'intérieur de la première case est inscrit le chiffre 0. Rachel doit compléter la combinaison.

Vous avez toutes les clés. À vous de trouver la bonne combinaison...

De retour chez elle, Rachel rassemble toutes ses notes. Un détail lui saute aux yeux. Toutes les énigmes comportent des chiffres, des nombres ou des dates : 1662 marches, 1860, 4 grands livres ouverts, 73 personnes, 1407, 426 jardins, 7000, 300 et enfin 74 marches. Chaque énigme correspond à une clé ou un message, soit neuf en tout. Neuf, comme le nombre de cases à remplir.

---

1 S'empresser de : faire quelque chose sans perdre de temps.

2 Un prix : une récompense.

3 Un funiculaire : un petit train qui monte.

4 Une esplanade : une grande place.

5 Une combinaison : ensemble d'éléments qui doivent être organisés dans un ordre précis.

$1 + 6 + 6 + 2 = 15$
$1 + 8 + 6 + 0 = 15$
4
$7 + 3 = 10$
$1 + 4 + 0 + 7 = 12$
$4 + 2 + 6 = 12$
$7 + 0 + 0 + 0 = 7$
$3 + 0 + 0 = 3$
$7 + 4 = 11$

Rachel remplit chaque case avec chacun des résultats et obtient la combinaison suivante :

0 15 15 4 10 12 12 7 3 11.

Une suite de chiffres et de nombres qui ne correspond à rien. Rachel décide de simplifier la combinaison et additionne les nombres de chacune des cases.

1 + 5 = 6
1 + 5 = 6
4 = 4
1 + 0 = 1
1 + 2 = 3
1 + 2 = 3
7 = 7
3 = 3
1 + 1 = 2

Elle obtient une nouvelle combinaison :

06 64 13 37 32

– Un numéro de téléphone, murmure Rachel.

Elle ne résiste pas et compose le numéro. Elle tombe sur la messagerie et reconnaît la voix de son mystérieux correspondant.

Patience, chère Ivana. Vous connaîtrez mon identité à notre prochain rendez-vous. Mais dépêchez-vous, car l'heure tourne, belle Ivana.

Rachel raccroche et regarde l'heure sur sa montre. Elle n'a plus de temps à perdre.

Ligne 2 : direction *Nation.*

Changement : *Barbès-Rochechouart.*

Ligne 4 : direction *Porte d'Orléans.*

Arrêt : *Saint-Germain-des-Prés.*

–Trente minutes, calcule Rachel une fois sur le quai du métro.

Mais le métro s'arrête à la station Strasbourg-Saint-Denis. La voix du conducteur résonne[6] dans les wagons.

Suite à un incident technique[7] entre les stations Réaumur-Sébastopol et Étienne-Marcel, le trafic est interrompu[8]. Veuillez nous excuser.

– Maudit métro, peste Rachel.

Elle sort du métro et court vers la Porte Saint-Denis pour prendre le bus.

Bus 39 : direction *Issy-Val de Seine.*

Arrêt : *Saint-Germain-des-Prés.*

Rachel descend et traverse le boulevard.

– Rachel !

Rachel ralentit. Elle reconnaît cette voix, elle fait semblant de ne pas entendre et poursuit son chemin.

– Rachel !

La voix se rapproche. « Pas elle, pas maintenant », se dit Rachel. Elle s'arrête et se retourne. Sa cousine court vers elle.

---

6 Résonner : se faire entendre.

7 Un incident technique : une panne.

8 Interrompu : n'avance plus.

– Tu ne donnes plus de nouvelles ? lui reproche Nathalie. Tu es sur une autre énigme et tu ne me préviens pas ?

– Pas du tout, ment Rachel. Je n'ai aucune nouvelle de mon mystérieux correspondant depuis hier.

– Tu es bien pressée, pourtant.

– Non pas du tout.

– Tu as le temps de prendre un café, alors ?

Rachel jette un coup d'œil en direction du Café de Flore qui borde le boulevard.

– C'est-à-dire que…

CHAPITRE 8

– Laisse tomber, j'ai compris, dit Nathalie. Tu as rendez-vous avec quelqu'un.
– On ne peut rien te cacher, répond Rachel.
– Il est mignon ?
Autant Rachel est de nature secrète[9], autant Nathalie est une fille curieuse.
– Je le connais ? poursuit-elle.
Le téléphone de Rachel émet un signal sonore. Elle reçoit un SMS[10].
N'oubliez pas, l'heure tourne, chère Ivana.
– C'est lui ? demande Nathalie.
– Oui. Je dois partir.
– Ah, l'amour ! s'exclame Nathalie.
Elle embrasse sa cousine.
– N'oublie pas que je suis célibataire, moi aussi. Il a peut-être un copain…
– Nathalie…
– D'accord, je me sauve.

Nathalie s'éloigne. Rachel pousse un soupir de soulagement, regarde sa montre et file en direction du Café de Flore.

9 De nature secrète : qui ne partage pas facilement ses sentiments.
10 Un SMS : texte court envoyé par téléphone portable.

ÉPILOGUE

La résolution

Rachel pousse la porte du Café de Flore. La pendule de l'établissement[1] affiche 17 h 00.

– Pile à l'heure, murmure-t-elle, avec satisfaction.

Elle jette un regard rapide dans la salle. Des touristes et des habitués lisent le journal ou travaillent sur leur ordinateur. L'atmosphère[2] est paisible[3], comme un dimanche après-midi.

Rachel s'assoit à une table. Un serveur s'approche.

– Mademoiselle ?

– Un thé, s'il vous plaît.

Le serveur s'éloigne. Rachel tente de rassembler les derniers mots de l'énigme dans sa tête.

Vous connaîtrez mon identité à notre prochain rendez-vous…

« Logiquement, il doit se manifester, se dit-elle. Je suis à l'heure et je n'ai pas d'autre indication. » Cinq minutes passent. Son mystérieux correspondant ne se manifeste pas. Rachel sort son portable pour être sûre de pas l'avoir éteint par erreur en consultant le dernier message reçu. Puis elle le pose sur la table, boit une gorgée de thé et observe les gens à la terrasse du café. « Qu'attend-il ? se demande Rachel. S'il est en retard, il peut au moins me téléphoner ou m'envoyer un SMS. » Puis soudain, son visage s'illumine.

– La combinaison ! Le numéro de téléphone ! C'est moi ! Je dois appeler ! Quelle idiote !

Elle sort ses notes de sa poche et compose le numéro. Une sonnerie retentit au même instant, derrière elle. Rachel se retourne. Un homme lit le journal à la table à côté. Elle ne peut pas le voir, l'homme tient le journal déplié devant lui, comme pour se cacher. Elle remarque alors un détail qui ne la trompe pas. Sur la première page du journal, un gros titre la met sur la piste.

« Ivana touche au but ! La redoutable espionne découvre celui qui se joue d'elle depuis deux jours ! »

Stupéfaite, Rachel se lève et s'approche timidement de l'homme.

– Excusez-moi…

---

1 Un établissement : une entreprise, un commerce.

2 L'atmosphère : l'ambiance.

3 Paisible : tranquille, calme.

CAFE DE FLORE

L'homme baisse son journal.

Rachel reste sans voix.

L'homme est son éditeur en chef, habillé d'un costume gris.

– Je… je ne comprends pas, murmure-t-elle.

– C'est pourtant très simple, répond l'éditeur. Je suis les aventures de votre héroïne Ivana comme un grand nombre de vos admirateurs[4]. Je lis vos histoires avec enthousiasme.

– Comment avez-vous deviné ?

– J'ai fini par le comprendre, Rachel. Vous avez beaucoup de choses en commun avec votre héroïne. C'est souvent le cas quand un auteur écrit. Il nourrit ses personnages de lui-même, de ses propres expériences. Certains détails m'ont mis sur la piste. Et puis vous travaillez pour moi depuis trois ans. Avec le temps, je commence à vous connaître. Ces deux jours d'enquête dans la capitale le confirment. Vous avez répondu à mon premier rendez-vous. Le fait de vous voir au sommet de la tour Eiffel a éliminé mes derniers doutes.

– Je peux savoir à quoi rime cette enquête dans la capitale ? demande Rachel. Qu'attendez-vous de moi ?

– De nouvelles histoires, Rachel, tout simplement. Vous rêvez d'être un auteur comme Martha Grimes ou Patricia Cornwell. Je me trompe ?

– Non, vous ne vous trompez pas.

– Alors, je vous offre cette chance, Rachel. Je veux publier votre premier roman.

– Mon premier roman ? répète Rachel.

– Et bien d'autres si les admirateurs d'Ivana sont au rendez-vous.

– Vous vous moquez de moi ?

– Depuis deux jours, c'est un peu vrai, pardonnez-moi. Vous avez le talent et l'imagination d'un grand auteur, Rachel. Après cette enquête dans la capitale, je n'ai plus de doute à ce sujet. Pour preuve, je vous propose un contrat.

L'éditeur en chef fait glisser un contrat sur la table devant Rachel.

– Asseyez-vous et lisez-le tranquillement.

Rachel lit la première page du contrat. Elle n'en revient pas.

– Ce n'est pas une farce ? dit-elle.

– Jamais quand il est question de travail. Vous êtes bien placée pour le savoir.

– C'est vrai, admet Rachel.

– On boit un peu champagne pour fêter la signature de ce contrat ? ajoute l'éditeur. Je pense que cette fois-ci une coupe n'est pas exagérée !

Rachel sourit.

L'éditeur fait signe au serveur qui apporte aussitôt deux coupes de champagne. L'éditeur et le futur auteur trinquent[5].

– Longue vie à Ivana !

– Longue vie à Ivana !

---

4 Des admirateurs : des fans.

5 Trinquer : porter un toast.

Activités

PROLOGUE

1 Avez-vous bien compris ? Cochez la bonne réponse.

1. Rachel et Ivana :
- ☐ **a.** travaillent ensemble.
- ☐ **b.** sont la même personne.
- ☐ **c.** ne se connaissent pas.

2. Rachel travaille :
- ☐ **a.** dans une grande maison d'édition.
- ☐ **b.** pour le gouvernement.
- ☐ **c.** avec Patricia Cornwell.

3. Ivana reçoit un message :
- ☐ **a.** par téléphone.
- ☐ **b.** par email.
- ☐ **c.** par la poste.

4. Le mystérieux message est :
- ☐ **a.** un défi.
- ☐ **b.** une invitation.
- ☐ **c.** une lettre d'amour.

5. Midi pile veut dire :
- ☐ **a.** 12 h 30.
- ☐ **b.** 0 h 00.
- ☐ **c.** 12 h 00.

2 piste 1 → Écoutez le début du prologue et complétez avec *le*, *la* ou *l'*.

Quand .... nuit tombe, Rachel devient Ivana, une espionne. .... jour, elle est Rachel, une secrétaire dans une maison d'édition. .... appartement de Rachel est dans le 18e arrondissement de Paris, au pied de .... église du Sacré-Cœur. .... blog de Rachel raconte les aventures de son héroïne, ... dangereuse Ivana.

3 Associez chaque mot à un lieu.

1. Un espion
2. Une église
3. Une capitale
4. Un monument

a. Le Sacré-Cœur
b. La tour Eiffel
c. James Bond
d. Paris

4 Barrez l'intrus.

1. un mystère – une énigme – une aventure – une secrétaire
2. une tour – un immeuble – une douche – un monument
3. une histoire – un livre – un blog – un admirateur

5 piste 1 → **Un espion a fait des erreurs en recopiant le mystérieux message. Écoutez le milieu du prologue et corrigez les quatre erreurs.**

« Bonsoir, chère Rachel. J'adore vos aventures, mais ne pensez-vous pas le temps venu pour tester vos talents d'enquêtrice dans la vie virtuelle ? Au pied des 1 662 marches, quelqu'un vous attend pour vous donner un deuxième indice. Rendez-vous demain, à midi pile, chère Ivana. Vous n'aurez pas une seconde de plus. »

....

CHAPITRE 1

1 Avez-vous bien compris ? Cochez vrai ou faux.

	Vrai	Faux
1. Rachel est de bonne humeur.	☐	☐
2. La tour Eiffel a été construite en 1789.	☐	☐
3. Rachel n'aime pas Paris.	☐	☐
4. L'homme mystérieux porte un costume gris.	☐	☐
5. Un croque-monsieur est un sandwich.	☐	☐

2 Rachel raconte sa journée sur son blog. Mettez les phrases dans l'ordre.

1. Avant de regarder le deuxième indice, j'ai mangé un croque-monsieur.
2. J'ai vu l'homme mystérieux. Il porte un costume gris.
3. En haut de la Tour Eiffel, un guide m'a donné une enveloppe.
4. Aujourd'hui je suis de bonne humeur. Je me sens capable de relever tous les défis. J'ai pris ma pause déjeuner très tôt.
5. J'ai pris le métro jusqu'à l'arrêt *École Militaire* et j'ai marché jusqu'au pied de la Tour Eiffel.

Le bon ordre est : ☐☐☐☐☐

3 piste 2 → **Écoutez le chapitre et aidez Rachel à faire le portrait de l'homme mystérieux. Utilisez les mots suivants :** ***blanche, quarante ans, bruns, costume gris, visage, taille moyenne.***

L'homme mystérieux a les cheveux .... Il est n'est pas grand, il n'est pas petit : il est de .... Il a environ .... et il porte un .... avec une chemise .... Je ne sais pas de quelle couleur sont ses yeux : je n'ai pas eu le temps de voir son ....

4 Associez chaque mot à son contraire.

1. Petit	**a.** Marcher
2. Blond	**b.** Droite
3. Ordinaire	**c.** Descendre
4. Monter	**d.** Raccrocher
5. Facile	**e.** Grand
6. Gauche	**f.** Étrange
7. Courir	**g.** Difficile
8. Décrocher	**h.** Brun

CHAPITRE 2

1 piste 3 → **Avez-vous bien compris ? Écoutez le chapitre et répondez aux questions.**

1. Comment s'appelle la maison d'édition où travaille Rachel ?

....

2. Quelle erreur a fait Rachel dans son travail ?

....

3. Comment est-ce que Rachel se rend place Saint-Michel ?

....

4. Que voit Rachel quand elle arrive place Saint-Michel ?

....

5. Quel indice le mime donne-t-il à Rachel ?

....

6. Quelle station Rachel prend-elle pour aller au travail ?

....

2 Avez-vous bien compris ? Cochez vrai ou faux.

	Vrai	Faux
1. Grimper veut dire descendre.	☐	☐
2. 19 h 00 veut dire sept heures du soir.	☐	☐
3. François Mitterrand a inauguré la Grande Bibliothèque.	☐	☐
4. La plus proche veut dire la plus loin.	☐	☐

3 Associez les mots qui vont ensemble.

1. Le matin	a. Une clé USB
2. Une rose	b. Un mystère
3. Une station	c. Un livre
4. Un bus	d. Le travail
5. Un immeuble	e. Le petit-déjeuner
6. Une énigme	f. Des pétales
7. Le bureau	g. Le métro
8. La bibliothèque	h. Une concierge
9. Un ordinateur	i. Un chauffeur

4 Retrouvez les mots cachés et complétez les phrases.

P	B	R	U	E	A	L	A	B
L	A	M	I	M	E	O	M	L
A	B	O	S	U	N	I	E	A
Q	E	S	E	R	Q	S	T	N
U	E	N	I	G	M	E	R	C
E	N	I	G	A	T	P	O	H
Y	F	O	N	T	A	I	N	E

1. Rachel habite .... Lepic.
2. Un .... ne parle pas.
3. La .... de mon docteur est en métal.

4. Le gouvernement vote des ....
5. À Paris, il faut prendre le ....
6. Rachel reçoit une rose ....
7. Au milieu du parc, il y a une grande ....
8. Toute .... a une solution.

CHAPITRE 3

1 Complétez la grille de mots croisés.

1. .... de Foucault.
2. Grande place devant la Grande Bibliothèque.
3. Grande forme blanche dans le ciel.
4. La Grande Bibliothèque a quatre grandes ....
5. Héroïne de cette histoire.
6. Le mime donne à Rachel cette fleur blanche.
7. Dôme.
8. Ce qui reste après un feu.

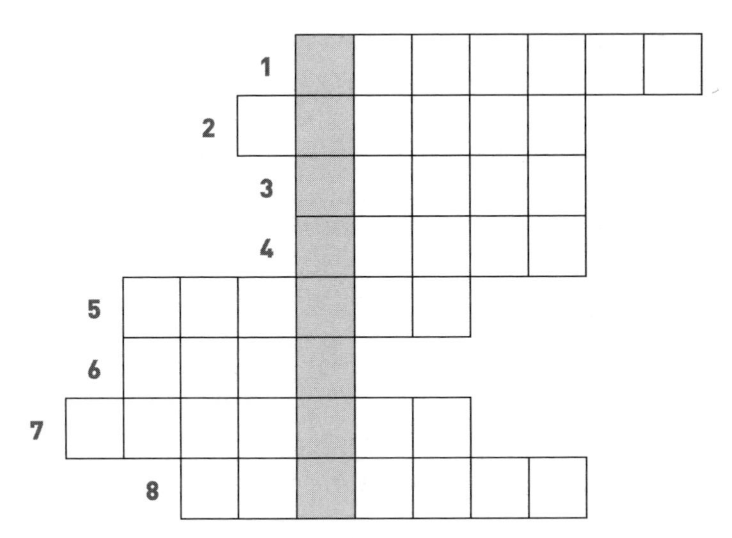

Bravo ! Le prochain indice se trouve au ....

2 piste 4 → **Écoutez le chapitre et répondez aux questions.**

1. Comment s'appellent les quatre tours de la Bibliothèque ?

   ....

2. Où Rachel trouve-t-elle l'indice suivant ?

   ....

3. Qui repose sous la coupole des Invalides ?

   ....

4. Comment Rachel remercie-t-elle le vieil homme et son ami ?

   ....

3 Complétez les phrases suivantes avec des mots du chapitre.

1. Une bibliothèque est un endroit où on trouve des ....
2. Les mathématiques sont la science des ....
3. Un homme qui habite Paris est appelé un ....
4. Paris est divisé en vingt ....
5. La .... est la rivière qui traverse Paris.
6. Quand on sait quelque chose, on est ....

4 Remettez les mots dans l'ordre pour faire des phrases.

1. tours / Bibliothèque / Grande / quatre / a / la

   ....

2. de / ne / perdez / temps ! / pas

   ....

3. deux / minutes / en / arrive / Rachel / retard

   ....

4. l'enfant / pour / trouve / Rachel / solution / la

   ....

CHAPITRE 4

1 Avez-vous bien compris ? Cochez vrai ou faux.

	Vrai	Faux
1. Léon Foucault est un astronome.	☐	☐
2. Rachel arrive en retard au Panthéon.	☐	☐

3. Nathalie et Rachel sont sœurs. ☐ ☐
4. Nathalie et Rachel vont au restaurant ensemble. ☐ ☐
5. La réservation est au nom d'Ivana. ☐ ☐

2 piste 5 → **Écoutez le CD et complétez avec *un* ou *une*.**

1. .... surprise
2. .... chaise
3. .... solution
4. .... indice
5. .... bruit
6. .... téléphone
7. .... ordinateur
8. .... visage

3 **Cochez la bonne réponse.**

1. *Circulez !* veut dire :
   - ☐ **a.** Restez ici.
   - ☐ **b.** Ne restez pas là.
   - ☐ **c.** Excusez-moi.

2. *Une auberge* est comme :
   - ☐ **a.** Un restaurant.
   - ☐ **b.** Un hôtel.
   - ☐ **c.** Un hôtel et un restaurant.

3. *Perdre de vue* veut dire :
   - ☐ **a.** Ne plus voir quelque chose.
   - ☐ **b.** Regarder quelque chose.
   - ☐ **c.** Ne pas vouloir regarder.

4. *Cousines* veut dire :
   - ☐ **a.** Nathalie et Rachel ont les mêmes grands-parents.
   - ☐ **b.** Nathalie et Rachel ont les mêmes parents.
   - ☐ **c.** Nathalie et Rachel ont les mêmes frères et sœurs.

5. Le registre du restaurant sert à écrire :
   - ☐ **a.** L'heure.
   - ☐ **b.** L'addition.
   - ☐ **c.** Les réservations.

4 piste 5 → **Rachel se déplace beaucoup dans Paris. Écoutez le chapitre et faites la liste des lieux qu'elle visite. Articulez votre récit avec les mots suivants : *d'abord*, *puis*, *ensuite*, et *enfin*.**

....
....
....
....
....

5 Complétez les phrases en utilisant les adjectifs démonstratifs *ce, cet, cette, ces.*

1. .... restaurant est le meilleur de la ville.
2. .... énigmes sont vraiment trop difficiles.
3. .... maison est la mienne.
4. .... fois, Rachel est accompagnée.
5. .... table est réservée pour Rachel et l'homme au costume gris.
6. .... repas est offert par l'homme en gris.

CHAPITRE 5

1 Complétez le rapport de Rachel en ajoutant les mots manquants, puis mettez les phrases dans l'ordre.

bout – indice – nez – aventures – cet – pont – impressionnant – vertige – trente – mignon – indice – continuer – suit – cousine

1. Heureusement, j'ai quand même trouvé un .... : l'homme au costume gris me demande de .... seule.
2. Aujourd'hui, l'homme au costume gris m'a montré le .... de son .... Il sait ce que je dis, donc il me ....
3. Je n'ai pas de chance : Nathalie a vu l'homme au costume gris. Elle dit qu'il est plutôt ....
4. Cette fois, je dois trouver un temple à .... mètres de haut.
5. Pour cela, je dois prendre un .... très .... homme au costume gris me donne beaucoup de mal.
6. Nathalie ne peut pas venir avec moi car elle a le ....
7. J'ai dit à ma .... Nathalie que je suis Ivana, mon personnage imaginaire. Nathalie connait Ivana car elle aussi lit ses .... Nous partons pour le prochain indice.

Le bon ordre est : ☐☐☐☐☐☐☐

2 Êtes-vous comme Nathalie ? Feriez-vous un(e) bon(ne) espion(ne) ? Cochez.

	Oui, je pourrais le faire.	Non, je ne pourrais pas le faire.
1. Écrire un blog.	☐	☐
2. Mentir à mon chef.	☐	☐
3. Monter tous les escaliers de la tour Eiffel.	☐	☐
4. Garder un secret.	☐	☐
5. Demander de l'aide à des inconnus.	☐	☐
6. Trouver des indices partout dans Paris.	☐	☐
7. Traverser un pont très impressionnant.	☐	☐

3 À votre avis qui est l'homme en costume gris ?

....

....

CHAPITRE 6

1 Avez-vous bien compris ? Cochez vrai ou faux.

	Vrai	Faux
1. Le dimanche il y a moins de gens à Paris.	☐	☐
2. Il y a peu de ponts à Paris.	☐	☐
3. Une gueule est la bouche d'un animal.	☐	☐
4. Le garde ne voit pas Rachel prendre la clé.	☐	☐
5. Rachel a des crocs.	☐	☐

2 Accordez en genre et en nombre l'adjectif entre parenthèses.

1. Les énigmes de l'homme en gris sont (difficile) ....
2. Les poires (sablé) .... au pains d'épices sont très (bon) ....
3. Nathalie et Rachel sont (désolé) .... de déranger la dame du restaurant.
4. Le lion est un animal (dangereux) ....
5. La tour ressemble à un livre (ouvert) ....

6. Nathalie est moins (courageux) .... que Rachel.
7. La tour Eiffel est le plus (grand) .... monument de Paris.

3 piste 7 → **Écoutez et répondez aux questions suivantes.**

1. Les ponts de Paris sont :
   - ☐ **a.** nombreux
   - ☐ **b.** mystérieux
   - ☐ **c.** grands

2. Dans la caravane africaine, il y a :
   - ☐ **a.** des éléphants, des tigres, des lions, des girafes, des rhinocéros et des hippopotames
   - ☐ **b.** des éléphants, des léopards, des lions, des girafes, des rhinocéros et des hippopotames
   - ☐ **c.** des éléphants, des léopards, des lions, des plantes, des girafes, des rhinocéros et des hippopotames

3. La clé USB est dans :
   - ☐ **a.** la bouche du lion
   - ☐ **b.** la gueule du lion
   - ☐ **c.** les crocs du lion

4. L'homme au costume gris pense que Rachel :
   - ☐ **a.** a du courage
   - ☐ **b.** n'a pas de courage
   - ☐ **c.** a un peu de courage

5. Au musée Grévin on trouve :
   - ☐ **a.** une caravane africaine
   - ☐ **b.** tout sur la magie
   - ☐ **c.** des statues de gens célèbres

CHAPITRE 7

1 **Avez-vous bien compris ? Cochez vrai ou faux.**

	Vrai	Faux
1. Rachel prend le taxi jusqu'à l'Opéra.	☐	☐
2. Rachel habite au sixième étage.	☐	☐
3. Le prix de Flore récompense un jeune écrivain.	☐	☐
4. Rachel a rendez-vous avec Nathalie.	☐	☐

2 Trouvez le pluriel des mots suivants.

1. Un animal
   - ☐ **a.** Des animals
   - ☐ **b.** Des espèces
   - ☐ **c.** Des animaux

2. Un mystère
   - ☐ **a.** Des mystère
   - ☐ **b.** Des mystères
   - ☐ **c.** Des mystérieux

3. Un lion
   - ☐ **a.** Des lionx
   - ☐ **b.** Des lions
   - ☐ **c.** Des lion

4. Une grand-mère
   - ☐ **a.** Des grand-mères
   - ☐ **b.** Des grands-mères
   - ☐ **c.** Des grands-mère

5. Une fleur
   - ☐ **a.** Des fleurs
   - ☐ **b.** Des fleures
   - ☐ **c.** Des flore

3 piste 8 → **Un espion a fait des erreurs en recopiant l'énigme. Écoutez le début du chapitre et corrigez les quatre erreurs.**

« Vous approchez du but, Ivana. Vous avez maintenant toutes les clés pour me trouver. Quatre-ving quatorze marches vous séparent de la première énigme. Je vous attends à dix-sept heures, là où chaque automne, le Prix du Café est unique. »

....

4 Complétez la grille de mots croisés. Avant de lire la fin du chapitre, découvrez l'identité de l'homme au costume gris !

1. La rue où habite Rachel.
2. Agent secret.
3. Action difficile à faire.
4. Cinquième animal de la caravane.
5. Avoir peur du vide.
6. Tour de 324 mètres à Paris.
7. La rose est une ....
8. Inhabituel.

1
2
3
4
5
6
7
8

ÉPILOGUE

1  piste 9 → **Écoutez l'épilogue et cochez la bonne réponse.**

1. Rachel a rendez-vous à :
- ☐ **a.** quinze heures.
- ☐ **b.** dix-sept heures.
- ☐ **c.** dix-huit heures.

2. Dans le Café de Flore, il y a :
- ☐ **a.** des touristes et des serveurs.
- ☐ **b.** des touristes et des étudiants.
- ☐ **c.** des touristes et des habitués.

3. Rachel doit :
- ☐ **a.** appeler avec son téléphone portable.
- ☐ **b.** attendre un appel.
- ☐ **c.** envoyer un email.

4. L'homme au costume gris :
- ☐ **a.** lit un livre.
- ☐ **b.** lit un journal.
- ☐ **c.** ne lit pas.

5. Rachel travaille pour son chef :
- ☐ **a.** depuis deux ans.
- ☐ **b.** depuis trois ans.
- ☐ **c.** depuis cinq ans.

2 Le téléphone portable de Rachel ne marche pas bien, elle reçoit les SMS dans le désordre. Pouvez-vous l'aider ?

1. au / venez / Flore / de / Café / me / retrouver

   ....

2. dernier / mon / trouvé / avez-vous / chère / indice / Ivana ?

   ....

3. peur / j'espère / eu / que / n'avez / pas / vous

   ....

4. mon / vous / bientôt / connaitrez / identité

   ....

5. publier / votre / je / roman / veux / premier

   ....

3 Faites un résumé du livre en complétant avec : *le, la, les, l', un, une, ce, cet, cette, ces, son, ses* et *sa*.

Rachel est secrétaire dans .... grande maison d'édition. Mais la nuit elle écrit des histoires de crimes et d'espions dans .... blog. Un jour, ... chef découvre .... blog et décide de lui lancer des défis. Rachel commence à recevoir des messages étranges sur .... ordinateur. .... sont des indices. .... énigme est de découvrir qui envoie .... indices et pourquoi. En haut de .... tour Eiffel, Rachel voit un homme en gris. Rachel est sûre que c'est .... mystérieux correspondant. Elle vit plusieurs aventures dans .... capitale : elle visite .... musées, traverse .... pont très haut, monte .... marches de la Tour Eiffel et mange dans .... plus vieille maison de Paris. Mais .... homme mystérieux est très fort. Pourtant, ... cousine Nathalie le voit une fois. Finalement, ... homme au costume gris lui envoie .... dernier indice. .... défi est difficile car il faut trouver .... bonne combinaison. .... combinaison, c'est le numéro de téléphone portable de .... homme en gris ! .... homme en gris a donné rendez-vous à Rachel au Café de Flore. .... grosse surprise attend Rachel. .... homme en gris, c'est son chef ! Il veut publier .... aventures d'Ivana !

FICHE LE MÉTRO À PARIS

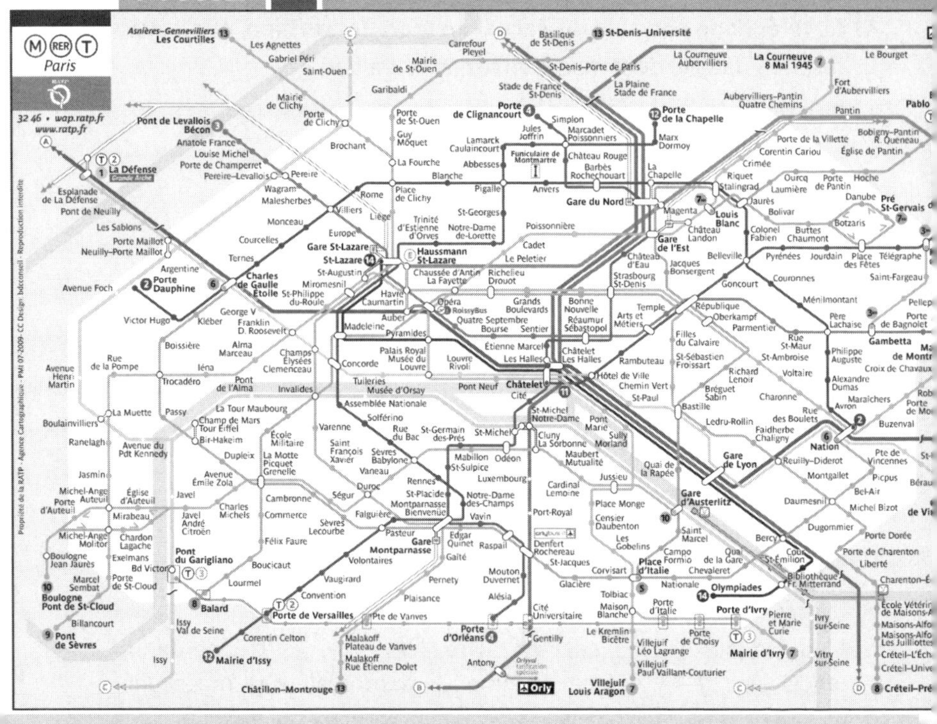

Le métro de Paris est ouvert au public peu après l'exposition universelle de 1900. C'est l'un des plus vieux transport souterrain au monde, après Londres, New York et Budapest. Aujourd'hui, il transporte près de 4 millions de passagers par jour et compte 300 stations. L'exploitation du réseau est assurée par la RATP (Régie Autonome des Transports Parisiens).

1 Consultez le plan du métro et classez les endroits suivants selon qu'ils se trouvent sur la rive gauche ou la rive droite.

	Rive gauche	Rive droite
Le champs de Mars		
Les Invalides		
L'hôtel de Ville		
Le Trocadéro		
Les Halles		
Le musée du Louvre		
La tour Montparnasse		

2 Consultez le plan du métro et expliquez comment aller aux destinations suivantes en partant de chez Rachel (station Blanche) :

a. La tour Eiffel (station Champ-de-Mars)

....

....

b. Le musée du Louvre (station Palais Royal)

....

....

c. Le parc des Buttes Chaumont

....

....

d. L'église Notre-Dame

....

....

e. Les Champs Élysées

....

....

3 Lisez le texte sur l'histoire du métro et répondez par vrai ou faux :

	Vrai	Faux
1. L'exposition universelle a lieu après 1900.	☐	☐
2. Le métro de Paris ouvre avant 1900.	☐	☐
3. Le métro de New York ouvre avant celui de Paris.	☐	☐
4. Le métro parisien transporte 400 000 passagers par jour.	☐	☐
5. Souterrain veut dire « sous la terre ».	☐	☐

4 En utilisant uniquement des moteurs de recherches et des sites Internet français, trouvez des informations sur un monument ou un lieu parisien de votre choix. Faites-en ensuite une courte présentation.

....

....

....

....

CORRIGÉS

PROLOGUE

1 1b – 2a – 3b – 4a – 5c **2** la nuit – le jour – l'appartement – l'église – Le blog – la dangereuse **3** 1c – 2a – 3d – 4b **4** 1 une secrétaire – 2 une douche – 3 un admirateur **5** chère Ivana – vie réelle – en haut des 1 662 marches – une minute de plus

CHAPITRE 1

1 1 V – 2 F : elle a été construite en 1889 – 3 F : Rachel aime Paris – 4 V – 5 V **2** 4 – 5 – 3 – 2 – 1 **3** bruns – taille moyenne – quarante ans – costume gris – blanche – visage **4** 1e – 2h – 3f – 4c – 5g – 6b – 7a – 8d

CHAPITRE 2

1 1 La maison d'édition où travaille Rachel s'appelle les Éditions Pluton – 2 Rachel écrit les Editions du Dragon sur le contrat. 3 Rachel se rend place Saint-Michel à pied. 4 Rachel rencontre le mime vers 19 h 00. 5 Rachel voit des touristes, des étudiants, des gens puis le mime. 6 Le mime donne une rose blanche à Rachel. 7 Rachel prend la station Blanche pour aller au travail. **2** 1 F : grimper veut dire monter – 2 V – 3 V – 4 F : la plus proche veut dire la plus près. **3** 1e – 2f – 3g – 4i – 5h – 6b – 7d – 8c – 9a **4** 1 rue – 2 mime – 3 plaque – 4 lois – 5 métro – 6 blanche – 7 fontaine – 8 énigme

CHAPITRE 3

1 1 pendule – 2 parvis – 3 nuage – 4 tours – 5 Rachel – 6 rose – 7 coupole – 8 cendres – Le prochain indice se trouve au Panthéon. **2** 1 La tour des Temps, la tour des Lois, la tour des Nombres, la tour des Lettres. – 2 Dans un livre aux pages blanches. – 3 Napoléon – 4 Elle les embrasse. **3** 1 livres – 2 nombres – 3 Parisien – 4 arrondissements 5 Seine – 6 sûr **4** 1 La Grande Bibliothèque a quatre tours. 2 Ne perdez pas de temps ! 3 Rachel arrive deux minutes en retard. 4 L'enfant trouve la solution pour Rachel.

CHAPITRE 4

1 1 V – 2 F : elle est en avance – 3 F : elles sont cousines – 4 V – 5 V **2** 1 une – 2 une – 3 une – 4 un – 5 un – 6 un – 7 un – 8 un **3** 1b – 2c – 3a – 4a – 5c **4** Réponse libre **5** 1 Ce – 2 Ces – 3 Cette – 4 Cette – 5 Cette – 6 Ce

CHAPITRE 5

1 1 indice / continuer – 2 bout / nez / suit – 3 mignon – 4 trente – 5 pont / impressionnant / cet – 6 vertige – 7 cousine / aventures. – Le bon ordre est : 2 – 7 – 4 – 5 – 6 – 3 – 1 **2** Réponse libre. **3** Réponse libre.

CHAPITRE 6

1 1 V – 2 F : il y a beaucoup de ponts à Paris – 3 V – 4 F : Le gardien voit Rachel prendre la clé – 5 F : Rachel a des dents. **2** 1 difficiles – 2 sablées / bonnes – 3 désolées – 4 dangereux – 5 ouvert – 6 courageuse – 7 grand **3** 1a – 2b – 3b – 4a – 5c

CHAPITRE 7

1 1 F : Rachel prend le bus. – 2 V – 3 V – 4 F : Rachel a rendez-vous avec l'homme mystérieux. **2** 1c – 2b – 3b – 4a – 5a **3** touchez au but – chère Ivana – soixante-quatorze marches – dernière énigme **4** 1 Lepic – 2 espion – 3 défi – 4 rhinocéros – 5 vertige – 6 Eiffel – 7 fleur – 8 étrange. L'homme au costume gris est l'éditeur !

ÉPILOGUE

1 1b – 2c – 3a – 4b – 5b **2** 1 Venez me retrouver au Café de Flore. – 2 Avez-vous trouvé mon dernier indice, chère Ivana ? – 3 J'espère que vous n'avez pas eu peur. – 4 Vous connaîtrez bientôt mon identité. – 5 Je veux publier votre premier roman. **3** une grande maison / son blog / son chef / son blog / son ordinateur / Ce sont des indices / L'énigme / ces indices / la tour Eiffel / son mystérieux / la capitale / les musées / un pont / les marches / la plus vieille / l'homme mystérieux / sa cousine / l'homme / un dernier / Ce défi / la (une) bonne combinaison / Cette (la) / l'homme en gris / Cet homme (l') / Une grosse surprise / L'homme / les aventures

Imprimé en France par la Nouvelle Imprimerie Laballery
Dépôt légal : octobre 2016 – Collection 04 – Edition 06 – N° d'impression : 609186
15/5737/0